UNE

AUMONERIE MILITAIRE

DANS L'ARMÉE FRANÇAISE

En temps de paix et en temps de guerre

SUIVIE

D'UN PROJET DE RÈGLEMENT ET D'ORGANISATION.

PAR A. BARON,

EX-AUMÔNIER DE L'ARMÉE DU RHIN,
AUMÔNIER DE L'HÔPITAL MILITAIRE DU GROS-CAILLOU.

PARIS

F. WATTELIER & Cic, ÉDITEURS,

19, RUE DE SÈVRES, 19,

1871.

UNE

AUMONERIE MILITAIRE

DANS L'ARMÉE FRANÇAISE.

UNE

AUMONERIE MILITAIRE

DANS L'ARMÉE FRANÇAISE

En temps de paix et en temps de guerre

SUIVIE

D'UN PROJET DE RÈGLEMENT ET D'ORGANISATION.

Par A. BARON,

EX-AUMÔNIER DE L'ARMÉE DU RHIN,
AUMÔNIER DE L'HÔPITAL MILITAIRE DU GROS-CAILLOU.

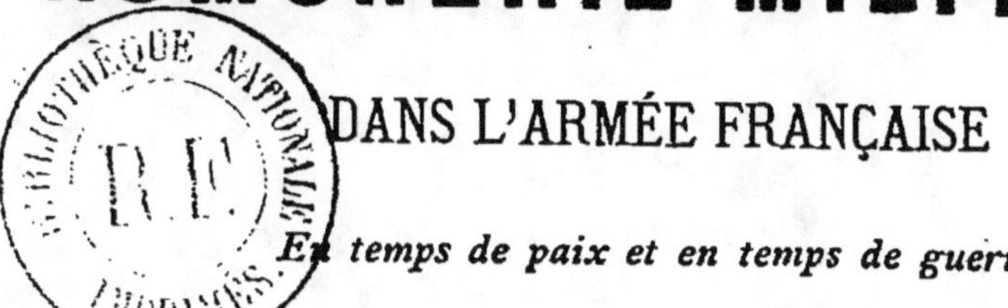

PARIS

F. WATTELIER & Cie, ÉDITEURS,

19, RUE DE SÈVRES, 19,

1871.

UNE AUMONERIE MILITAIRE

DANS L'ARMÉE FRANÇAISE.

C'est au bruit du canon de la guerre civile et sous le joug de la *Commune*, que j'entreprends d'écrire ces lignes ; situation bien faite pour les pénétrer de foi, de conviction et de vérité.

Hélas ! pauvre France ! au milieu de tant de désastres et de ruines, et en présence d'une désolation si complète de l'armée et de la société, ne nous apparait-elle pas comme dans les angoisses d'un naufragé, en quête d'une planche de salut et aux écoutes sur l'arrivée d'un sauveur ? N'est-ce pas du moins en ces dispositions à peu près, dans l'Armée comme dans la Société, que vont être accueillis les essais et les efforts de tous les cœurs généreux à qui le Ciel a inspiré la patriotique résolution de venir nous tendre une main secourable ? Dans l'Armée déjà plusieurs ont pensé sérieusement à une réforme, à une réorganisation. Un général, dont tout le monde connait le cœur et l'intelligence, le général de Cissey, dans le fond de l'Allemagne y a consacré les longues et pénibles heures de sa captivité (1).

Son plan de réorganisation de l'Armée française, mûrement et savamment élaboré, est l'objet des éloges de tous ceux qui le connaissent. A mon grand regret je n'ai pu me le procurer. Un autre a été édité à Lille et j'ai pu me donner la satisfaction de le voir. C'est celui du général Faidherbe. Au point de vue militaire, je l'entends aussi généralement apprécier. Ce point de vue n'est pas le mien. Je ne viens ici que m'occuper d'une lacune que j'y remarque. L'avant-propos, où il indique les causes de nos calamités, a particulièrement attiré mon attention. Parmi ces causes il signale l'absence de moralité et dans le Gouvernement et aussi dans l'Armée. Mais par quel moyen veut-il ramener la moralité dans l'Armée, je l'ai cherché dans la suite de son plan, je n'ai rien trouvé de bien déterminé. Son titre XIII, *sur la discipline*, veut *que le passage*

_____

(1) Ce plan a été fait à Hambourg où le général de Cissey a été prisonnier de guerre pendant quatre mois.

à l'Armée soit une école de justice et d'égalité pour les classes élevées, une école de discipline, d'instruction, de bonnes mœurs, d'urbanité et de propreté, en un mot, de civilisation pour tout le monde. Mais qui sera appelé à tenir cette école si importante dans l'Armée, il ne le dit pas. Ces grandes choses ne s'apprennent cependant pas d'elles-mêmes. Il est prouvé au contraire que les contacts et les agglomérations de jeunes gens tendent à les effacer, même chez ceux qui en ont été imbus dès leur jeune âge. Le mot *Religion* aurait si bien répondu à la question ; pourquoi fait-il ici défaut ? Hélas ! après une si cruelle expérience en serions-nous à vouloir encore et toujours une armée sans Religion ?.... Une armée disciplinée, obéissante, morale, mais une armée *irréligieuse* ; c'est-à-dire sans temple, sans prêtre, sans foi, sans loi ; comme si l'on prétendait élever un édifice, mais sans base et sans fondation.....

Il y a plus de vingt ans que j'ai l'honneur et la pénible mission de travailler à la Religion de l'Armée. Qu'à ce titre il me soit permis, à propos des plans de réorganisation qui ont paru et vont paraître, de venir *très-simplement* proposer quelques observations.

1º Sur l'état de notre Armée sans religion officielle depuis un demi-siècle ;

2º Sur la nécessité d'y introduire une Aumônerie même en temps de paix.

Je veux y apporter la franchise et la conscience que l'on a aimées dans l'avant-propos du général Faidherbe, et aussi toute la vérité. Le temps n'est plus au mensonge, aux compliments, mais, comme il le dit, à la vérité et à la vérité toute entière et *sans ménagements.*

Iʳᵉ PARTIE.

§ I.

La lacune que je regrette dans le plan du général Faidherbe se retrouvera, j'en suis sûr, dans tous les plans qui seront publiés sur la réorganisation de l'Armée française. Ce n'est pas hostilité chez les auteurs, c'est oubli, indifférence ou bien persuasion que Armée et Religion ne doivent pas et ne peuvent pas officiellement marcher ensemble. C'est l'opinion générale dans le monde militaire ; on y est fait et c'est reçu. Cette séparation est un fait profondément déplorable ; mais depuis trop longtemps c'est un fait accompli dans l'Armée.

Depuis cinquante ans en effet est-ce que toutes les portes n'y ont pas été fermées à la Religion? Et toutes les fois que le prêtre a voulu pénétrer n'a-t-il pas généralement été vu avec défiance et finalement éconduit? N'a-t-il pas fallu un acte de courage pour oser répondre à ses appels; et ceux qui ont consenti à entendre sa voix n'ont-ils pas attiré sur eux l'animadversion qui poursuit ceux qui ont communiqué avec un ennemi?

Dernièrement encore, à la veille de nos désastres, comment les aumôniers ont-ils été accueillis dans l'armée du Rhin? Très-peu ont été acceptés convenablement. On a refusé de recevoir les autres. Tous en général ont rencontré une froideur, une défiance affligeante et n'ont été longtemps que des étrangers au milieu des troupes et des autorités militaires. Leur arrivée n'a été presque nulle part annoncée à l'Armée; de sorte que circulant dans les camps, plusieurs y ont été arrêtés et même quelques-uns y ont été mal-menés comme espions prussiens (1).

Voilà tout le prestige dont on avait entouré leur ministère.

Mais je ne viens pas me plaindre. Avec mes vénérés collègues de l'armée du Rhin, j'aime mieux me souvenir de tant d'âmes d'élite que cette armée a mises sur notre passage, et sur les champs de bataille et sur la terre de captivité. Je ne demande ici que la permission de dire humblement ma pensée sur notre pauvre Armée française et sur l'Aumônerie qu'il est urgent d'y établir en temps de paix.

On dira peut-être : *A quoi bon une Aumônerie en temps de paix? L'Armée n'a-t-elle pas comme tout le monde, les églises et les prêtres des paroisses?*... C'est ce qui a été constamment répondu depuis vingt ans par les autorités militaires... — On devait savoir cependant que les églises et les curés sont pour les paroissiens à leurs jours et à leurs heures, pour qu'ils y soient, suivant leurs besoins particuliers, baptisés, instruits, confessés, communiés, mariés et enterrés. Que nos soldats, n'étant plus retenus tous les dimanches et fêtes par les revues, les promenades, les exercices, etc., deviennent *réellement libres* de se rendre dans les églises et de les encombrer, que feront les paroissiens et leurs prêtres?... Si le Ministère des cultes a disposé pour eux des églises et des curés, n'est-ce pas au Ministère de la guerre à donner à son armée

---

(1) MM. les abbés Fortier, aumônier au 2ᵉ Corps ; Gosselin, au 3ᵉ; Pruvost, au 6ᵉ; Pougeois, au 5ᵉ, sont de ceux qui ont été ainsi traités. Le 7 août 1870, à Puttelange M. Pougeois a été arrêté et emmené comme espion à travers les huées et les insultes de tout un camp.

des églises et des aumôniers, comme le fait le Ministère de l'intérieur pour son personnel, l'Assistance publique pour ses administrés et l'Instruction publique pour ses lycées et collèges? ...

On dira peut-être encore *que l'Armée n'est pas sans aumôniers et sans églises, puisqu'il y en a dans les hôpitaux, les forts, les écoles et les prisons militaires.*

Oui!...on a accepté des Aumôniers dans ces établissements militaires. Mais que n'a-t-on pas fait pour restreindre et annihiler leur action? Leur position sans classement y est si fausse, si mal définie, et si mesquine sous tous les rapports que la dignité de leurs fonctions et peut-être même la liberté de leur conscience en souffrent, et que leur ministère est loin d'y être entouré d'honneur et de respect (1). Dans ces établissements les aumôniers peuvent dire la messe; mais il ne leur a pas été toujours et partout permis d'y remplir leurs autres fonctions (2). Les voilà tels qu'ils sont tolérés dans les hôpitaux, les écoles, les forts et les prisons militaires.

§ II.

Quel est d'ailleurs le personnel de ces établissements, comparé à celui de toute l'armée française? En est-il la quarantième partie? Eh bien! cette armée si nombreuse, composée de tant de divisions, de brigades, de régiments, disséminée en tant de garnisons dans toutes les places de la France, cette Armée, *la seule en Europe* et peut-être dans le monde entier, est laissée sans prêtre, sans église, sans messe, sans instruction, et par conséquent sans Religion en temps de paix (3). Et voilà

(1) Témoin les art. 138, 140 et 141 du règlement des aumôniers dans les hôpitaux militaires où même les fonctions sacerdotales sont mises en réglement et en défiance par l'autorité militaire.

(2) Témoin ces circulaires et décisions ministérielles de 1861, 1862, 1864, aux chefs de corps et aux commandants des forts, des écoles, etc., les chargeant d'empêcher les prêtres de prêcher aux soldats et même de leur parler.

(3) Dans toutes les armées de l'Europe, il y a des aumôniers en temps de paix comme en temps de guerre. Les armées allemande et anglaise, quoiqu'en majorité protestantes, ont des aumôniers catholiques pour les catholiques. La Belgique, la Hollande, ont leurs aumôniers militaires. L'Autriche et aussi la Prusse, ont même des religieux dans les aumôniers de leurs armées. L'armée russe a des popes ou prêtres grecs en grand nombre dans ses rangs. Malgré la crise révolutionnaire qu'elles traversent, les armées italienne et espagnole ont conservé leurs aumôniers. Dans le

cinquante ans que dure un pareil état de choses parmi nous, malgré toutes les réclamations qui ont été adressées au gouvernement (1). Ce sont cependant les enfants de notre France catholique qui composent cette Armée; et ces enfants sont les fils de nos ouvriers chrétiens, de nos honnêtes cultivateurs qui, pour l'honneur et le soutien de leur vieillesse, ont consacré à l'éducation chrétienne de ces fils tout le fruit de leurs sueurs et de leurs privations. Et puis un jour la conscription est venue les leur enlever; et, au lieu de garder ce dépôt tel qu'on le lui avait confié, l'Armée trop souvent ne l'a-t-elle pas laissé se perdre dans ses mains? Et ces enfants qui lui avaient été remis purs et chrétiens, après sept ans ne les a-t-elle pas trop souvent renvoyés impies et immoraux à leurs parents désolés, pour la honte et la ruine des familles? N'est-ce pas là l'iniquité qui se commet en France depuis un demi-siècle?

Qu'il me soit permis de mettre ici sous les yeux la lettre suivante, écrite et adressée sur ce sujet à un député de la France, en 1867 :

« Monsieur le député,

« ..... Vous avez parfaitement montré comment notre France catholique
« est attaquée en haut par l'enseignement... En bas, Monsieur, l'attaque est-
« elle moins redoutable?... Je parle, non de l'enseignement primaire, mais de
« l'Armée!...

« Hélas! personne n'aperçoit ce danger, et jamais il n'a été signalé. Ne
« sait-on pas cependant que chaque année 100,000 de nos ouvriers et de nos
« campagnards sont enlevés par l'Armée aux champs, aux ateliers et aux
« familles? Est-ce qu'un député n'a pas le droit et le devoir de demander à
« l'Armée ce qu'elle fait de ces enfants de la France, quelles sont les mesures
« de préservation à leur égard, quels sont ses moyens de moralisation? Qu'a-
« t-elle fait pour conserver catholiques ces enfants qu'on lui envoie catholi-
« ques, pour garder purs ces cœurs que tant de familles ont tenus purs jusqu'à
« leurs vingt ans, enfin pour restituer saine et morale, cette belle jeunesse qui
« lui avait été confiée si saine et si morale? Retirer chaque année à la Société
« française son sang le meilleur, et chaque année ne lui rendre qu'un sang
« corrompu et corrupteur, n'est-ce pas un crime? Et n'est-ce pas celui que
« commet le Gouvernement depuis bien des années envers le soldat, envers
« sa pauvre famille et envers notre France tout entière?

Nouveau-Monde, les États-Unis, le Mexique, le Brésil ont en tout temps des aumôniers dans leurs armées. On sait combien les *talebs* et *marabouts* sont nombreux dans les armées turque et arabe. — *La France seule* en temps de paix n'a aucun ministre de la Religion dans son armée.

(1) Ces réclamations ont été faites par Mgr le nonce, de la part même de N. S. Père le Pape Pie IX, qui aime le soldat français et ne cesse de gémir à la vue de l'abandon où il est laissé en France relativement à la religion.

« C'est une thèse facile à prouver et pour laquelle les documents abon-
« dent (1). Et qui a jamais réclamé, protesté, fait entendre un cri d'alarme ?
« Non ! pas un mot, ni à la Chambre, ni ailleurs. Et sous nos yeux on a
« laissé sans mot dire périr le soldat, déshonorer nos pauvres familles et
« assassiner la France. Il y a parmi nous des sociétés protectrices des ani-
« maux ; les Grands Corps de l'État s'en sont préoccupés ; et pas un mot n'a
« été dit, ni au Sénat, ni au Corps législatif en faveur de notre pauvre jeu-
« nesse qui périt corps et âme dans l'Armée.

« Et que dire des proportions que va prendre ce mal par l'organisation
« nouvelle qui appellera sous les drapeaux la jeunesse toute entière de la
« France ? Si les choses restent ce qu'elles sont ; si le sort moral du soldat
« continue à ne toucher personne, notre Société est perdue en quelques
« années.

« Impuissant à faire entendre mon humble voix, je me contentais jusqu'ici
« de prier et de gémir devant Dieu sur le triste avenir de nos soldats. Mais à
« la vue de cette immoralité toujours croissante, de ces hôpitaux se remplis-
« sant de plus en plus des victimes de la débauche, de ces prisons militaires
« encombrées dans toutes les places françaises, de ces crimes (2) enfin tou-
« jours plus fréquents et épouvantables commis par nos soldats, la pensée
« m'est venue de m'adresser à un de ces Représentants de la France qui,
« avec une parole éloquente et indépendante, savent apporter à la Chambre
« de la conscience et du patriotisme ; et j'ai pensé à vous. J'espère ne m'être
« pas trompé en me persuadant que mieux que tout autre vous saurez com-
« prendre et traiter la question. Les renseignements, les chiffres, les docu-
« ments nécessaires, je suis en mesure de vous les procurer. Je ne crois pas
« qu'un sujet plus important ait jamais été traité à la Chambre. Au nom de
« Dieu et de la France, acceptez la défense de cette cause, je vous en supplie
« les larmes aux yeux. Le Gouvernement a fait bien du mal à l'Armée ; ne crai-
« gnez pas de le citer au tribunal de la France et faites-lui dire ce qu'il a fait
« pour la moralité et la religion du soldat ; vous lui fermerez la bouche ; car
« qu'osera-t-il répondre ? Et si vous dites ce qu'il n'a point fait, ce qu'il a fait
« au contraire ou ce qu'il n'a pas empêché pour la démoralisation de notre
« jeunesse de l'Armée, vous l'accablerez. Vous le mettrez en demeure d'arrêter
« son œuvre de perdition ; et, devant l'opinion qui sera de votre côté, il n'est
« pas possible qu'il se refuse à faire quelque chose pour nos pauvres soldats.
« Votre parole aura sauvé peut-être le soldat et la France. Vous aurez plus
« fait que toutes nos œuvres militaires établies à si grand'peine et dans des
« conditions si précaires.

« Veuillez agréer... etc... (3). »

(1) Le chiffre toujours croissant des malades de la syphilis reçus dans les hôpitaux
militaires pourrait suffire à lui seul.

(2) Quelque temps auparavant avaient été commis les crimes de Levallois, de Vin-
cennes, etc.

(3) Cette lettre est malheureusement restée sans résultat. Il m'a été répondu que
jamais le Gouvernement et l'Armée ne consentiraient à accepter des aumôniers et
même à modifier l'état des choses existant. C'était aux beaux jours où les ministres

§ III.

Est-ce que nos désastres ne viennent pas de donner mille fois raison à ce cri d'alarme?... Et ce Gouvernement qui a laissé la France et surtout l'Armée se démoraliser si profondément qu'est-il devenu ? Et l'Armée, cette armée sans prêtres et sans religion, arrivant au Rhin, la *Marseillaise* et le blasphème à la bouche et voyant venir ses aumôniers comme la dernière des inutilités, cette armée qu'a-t-elle été comme bravoure, comme discipline et comme moralité ? Je ne la juge pas. Mais il est avéré qu'insurgé contre son Dieu et sa Foi, le soldat trop souvent s'est insurgé partout contre ses chefs; et, à l'heure où j'écris ces lignes, la troupe qu'on avait chargée de l'ordre à Paris, cette troupe court à l'insurrection la crosse en l'air; elle livre ses armes et les forts, elle arrête ses chefs ; elle fusille ses généraux; elle ne voit plus que des *traîtres* à pendre dans tous ceux envers qui la Religion lui aurait enseigné le respect et l'obéissance (1).

Voilà l'œuvre de nos gouvernements depuis 1830 (2). Ce qu'on a semé, on le récolte. Cette place dans l'Armée que la *Religion* devait tenir, c'est la *Révolution* qui la tient aujourd'hui et depuis longtemps. Pour le Catholicisme et ses ministres que vous avez bannis de vos rangs et à qui vous avez fermé la bouche, vous avez la Révolution. Oui ! Vous voilà à *l'école* et sous la férule de la Révolution, de ses hommes et de ses doctrines.

Et profondément ignorants des choses de la guerre, ces *hommes* vous ont pris des mains toute l'autorité et à plaisir ils ont distribué les ordres et les grades, à vous les blâmes et aux leurs les éloges, à vous la honte des défaites et à leurs amis les télégrammes de la victoire (3). De toutes

disaient à la France que tout allait pour le mieux dans l'Armée. Le maréchal Niel, ministre de la guerre, osait même affirmer à la Chambre que son *Armée était si morale que les campagnes elles-mêmes avaient besoin du retour de leurs soldats pour se moraliser.* Voilà où en était déjà en 1867 cet aveuglement qui devait en 1870 nous précipiter si profondément dans l'abîme.

(1) Tout le monde sait quel rôle la troupe a joué le 18 mars 1871 et les jours suivants et dans les arrestations des généraux Thomas, Lecomte, Chanzy et de Langourian. Des zouaves, des lignards et des chasseurs à pieds ont été les premiers à se ruer sur eux et le général Lecomte a été fusillé par des soldats du 88ᵉ de ligne. De plus, six forts sur sept et des milliers de fusils et canons ont été livrés par la troupe à l'insurrection.

(2) Ce fut à la révolution de 1830 que tous les aumôniers militaires ont été bannis de l'Armée. Le gouvernement de Louis Philippe a rendu définitive cette suppression.

(3) Ne venons-nous pas de voir des *avocats* se nommer ministres de la guerre et de

manières ils se sont plu à vous déshonorer. Publiquement vous avez été gourmandés comme d'ignorants écoliers et révoqués comme de mauvais serviteurs (1). Mettant de côté vos longues études du métier et votre expérience des champs de bataille, on vous a mis en demeure d'exécuter leurs plans de campagne et de remporter des victoires, sous peine de citation à leur tribunal où, disent-ils, siége l'Opinion publique. Au lendemain de vos défaites, sans égard à l'héroïsme peut-être de vos efforts, ils se sont hâtés de vous attacher au front le stigmate infâme de la trahison, vous mettant, sans vous entendre, au pilori de l'Armée et de la Nation (2). Comme collègues et supérieurs ils nous ont donné un Garibaldi, un Bordone... et leur séquelle où un grand nombre ont de si honorables antécédents que ceux parmi vous qui tiennent à être respectés réclament aujourd'hui une enquête sur ces nominations d'officiers que les réglements défendent de conférer à des repris de justice. Les hommes que la Révolution vous donne aujourd'hui, les voilà !... Ceux de demain, formés aux leçons d'un Duruy, se trouvent sur ces listes de souscriptions que les lycées en émeute et les ateliers en grève se passsaient l'an dernier pour l'érection d'un monument à *Victor Noir*.

On a dit dans l'Armée : arrière !... arrière le Catholicisme et ses hommes et ses doctrines !... Et la place de ces doctrines, comme celle de ces hommes, a été prise aussi dans vos rangs par les *doctrines* de la Révolution. Oui! vous avez ses doctrines et ses moyens de démoralisation. Vous avez sa presse qui inonde vos cafés, vos casernes et vos camps de ses plus immondes produits. Et ces doctrines ont tué parmi vous tout patriotisme, tout respect, toute discipline et tous les principes qui sont les liens nécessaires d'une armée. Et l'antidote de la Religion ayant été

l'intérieur, se faire généraux en chef et se donner à leur aise le plaisir de *peloter* et généraux et préfets, et armées et provinces?

(1) Tandis que les prétendues victoires de Garibaldi étaient partout publiées à grand bruit, les généraux d'Aureilles de Paladine, Bourbaki et autres étaient publiquement réprimandés et menacés d'une cour martiale.

(2) N'est-ce pas ce qui est arrivé aux généraux des armées de Sedan, de Metz, etc. Avant d'en savoir même les motifs et les termes, on a appelé leur capitulation *scélérate*; et eux, nos généraux, sans même avoir été préalablement entendus et jugés, ont été déclarés *traîtres* devant la France entière. Grâce à Dieu! la France a eu des généraux qui ont pu être malheureux, surpris; mais des lâches et des *traîtres*, elle peut se consoler de n'en avoir pas eu un seul. C'est aujourd'hui un fait acquis. Et lors même qu'il se serait rencontré un traître, ne devait-on pas à l'honneur, au patriotisme et à l'affliction de la France de taire un tel malheur, au moins jusqu'à la fin des hostilités? De la bouche du Ministre ce mot de traître est vite tombé aux lèvres du soldat qui a vu des *traîtres* partout. Le fuyard ne croyait-il pas s'être complètement couvert quand, à sa rentrée en ville ou au camp, il avait crié : *Nous avons été trahis!* C'est ainsi que le mot du Ministre est devenu partout le mot du mauvais soldat.

écarté, et n'ayant ni un prêtre, ni une prédication pour contrepartie à toute cette propagande démoralisatrice, vos soldats aûjourd'hui en sont à ne plus voir où est la fidélité ou la trahison, la bravoure ou la lâcheté, l'ordre ou le désordre, l'honneur ou la honte, le bien ou le mal. La limite du devoir est devenue pour eux si incertaine, si indéfinie, sa notion si effacée qu'un mot, qu'un rien suffit pour les gagner à l'insurrection, à l'ennemi, à tout ce que l'on voudra. Sur des hommes si peu arrêtés à des principes déjà battus en brèche, quelle n'est pas la puissance de la Révolution? Aussi vous tourner le dos, déserter à l'ennemi, livrer leurs armes, courir à l'émeute et même en venir à se glorifier de l'arrestation et du meurtre de leurs chefs, n'est-ce plus pour eux qu'un tour de main ou un coup de facile corruption.

Et vous savez si les moyens *moraux* pour les amener là ont jamais manqué à la Révolution en France et ailleurs.

Le principe du nivellement de toutes les têtes, au nom de *l'égalité*, de l'abaissement de toutes les supériorités, de la ruine de toute autorité, en livrant au suffrage des soldats la collation des grades, est déjà en vigueur dans les gardes mobiles et nationales. Demain vous l'aurez dans l'Armée, et alors ce sera à la lettre la *Révolution*, c'est-à-dire, un *sens dessous-dessus* général. Ce sera la mort complète de l'Armée et de la Société (1).

IIᵉ PARTIE.

§ IV.

Et si enfin cette expérience vous suffit ; si c'est assez de désastres et de malheurs ; si le fracas et l'aspect d'un effondrement si universel et d'une si immense calamité ont pu arriver à secouer notre torpeur et à déchirer le bandeau de notre aveuglement, ce n'est pas demain, mais aujourd'hui qu'il faut aviser ; aujourd'hui qu'il faut mettre le hôlà dans l'Armée comme dans la Société ; ou bien plus d'Armée, plus de Société possible. A l'heure qu'il est, c'est une question de vie ou de mort.

Vous voulez réorganiser une armée ! Oh ! de grâce ! Ne faites plus fi de la Religion ! Purgez bien les éléments qui vont composer cette armée nouvelle. Qu'il n'y ait plus de place dans ses rangs à la Révolution.

____

(1) Le mot révolution, du latin *revolvere, renverser,* veut dire renversement *sens dessous-dessus.*

Cette place, je vous en supplie, restituez-la au plus tôt, dès aujourd'hui à la Religion et à ceux qui la prêchent. Oui, ouvrez-nous vos rangs franchement et sans défiance. La Révolution qui a tout pu et tout fait chez vous ne peut que vous perdre, la preuve en est faite d'une façon péremptoire et évidente; et les mêmes causes produiront toujours les mêmes effets; qui ne le voit pas aujourd'hui? La Religion, que vous avez mise si complètement à l'écart, vous sauvera au contraire. Elle vous refera une armée, une société française. N'est-ce pas Elle qui a fait la France? Elle la refera, si vous le voulez.

Mais peut-être avez-vous peur encore de confier *la tenue de votre école de justice, d'obéissance et de bonnes mœurs dans l'Armée* à l'action cléricale? Cette *influence cléricale*, il y a un siècle qu'on vous en fait un épouvantail; et on a si bien réussi à vous effrayer par ce fantôme que vous voilà acculés jusque dans l'abîme. De grâce, laissez-là cette crainte chimérique. Nous venons à vous en toute franchise, l'Evangile à la main; c'est notre code; pas de secret et rien de caché. Là sont nos doctrines; voyez-les; étudiez-les vous-mêmes. Elles seront prêchées à vos soldats par des hommes que vous aurez choisis et nommés vous-mêmes, qui n'escamoteront pas votre autorité, ne vous imposeront pas leurs plans de bataille, ne vous mettront pas au pilori de votre armée et ne vous déshonoreront en aucune manière; malgré tout ce qu'en a dit et écrit la Révolution, vous ne sauriez dans aucun siècle, dans aucun pays, citer avec vérité un de ces faits à la charge de *l'influence cléricale*.

La Religion, il est vrai, n'a pas deux poids et deux mesures. Chefs et soldats sont égaux devant son tribunal. Ce qui est blâmable chez l'inférieur ne peut ne pas être blâmable chez le supérieur. Mais dans cette égalité, qui chez Elle n'est pas un mensonge, la Foi sait très-clairement montrer à l'inférieur que son égal comme homme devient son supérieur et a droit à tout son respect et à toute son obéissance dès l'instant où il est dépositaire de l'autorité. Ce principe où le trouvez-vous encore vivant et agissant de nos jours? Chez ceux-là seulement qui ont gardé la Foi; chez les zouaves pontificaux, chez les bretons, chez nos soldats des provinces restées chrétiennes. Voilà les braves, les fidèles, les disciplinés! Ceux-là vous ne les verrez pas courir à l'émeute, livrer leurs armes, arrêter leurs chefs, fusiller leurs généraux. Ils ont été à l'école de la Religion, à *l'école cléricale*; et c'est de là qu'ils ont apporté dans l'Armée cette conscience et ce courage dans l'accomplissement de leurs devoirs de soldats chrétiens. Aussi toujours et partout ont-ils eu l'honneur de mériter toutes les haines de l'insurrection qui sent instinctivement que dans leurs rangs ni on ne transige ni on ne pactise et que là jamais elle n'a eu et n'aura ni amis ni complices (1).

§ V.

Vous n'avez pas fait difficulté d'accepter dans l'Armée tous les éléments : finances, subsistances, arts, habillements, médecine, pharmacie, etc., la porte a été ouverte à tous les corps, à toutes les administrations qui vivent chez vous de la vie militaire, vie à part, vie séparée de la vie ordinaire ; personnel nombreux, mais militaire comme l'armée, en subissant toutes les conditions, en acceptant tous les devoirs et en partageant toutes les attributions. Un seul corps a été écarté, c'est le Clergé. Un seul élément a été répudié; une seule institution a été mise et est tenue à la porte depuis un demi-siècle, c'est l'élément moral; c'est la Religion. Pourquoi ce parti pris? Pourquoi cette séparation systématique de la Religion et de l'Armée? Est-ce qu'il a été décrété une séparation de l'Eglise et de l'Etat?... Non! La Nation ne l'a pas voulu jusqu'ici. La Révolution seule la veut. Et en vertu de quel droit l'Armée a-t-elle voulu néanmoins l'accomplir? Et pourquoi cette séparation est-elle devenue un fait depuis 50 ans, contrairement à la volonté expresse de la France qui n'a pas plus décrété une séparation partielle qu'une séparation totale de l'Eglise et de l'Etat (2)?

Vous donnez au soldat, en temps de paix comme en temps de guerre, des chirurgiens, des médecins, des pharmaciens, pourquoi lui refuseriez-vous en temps de paix des prêtres, des aumôniers? Est-ce que vous ne verriez dans le soldat qu'un corps, qu'une matière à soigner, à panser, et pas d'âme, et rien de spirituel, rien de surnaturel, rien à moraliser, rien à sauver? Vous pouvez être irréligieux, matérialistes pour vous, c'est votre affaire; mais imposer ce matérialisme à l'Armée, aux enfants de nos familles si chrétiennes, ce serait une tyrannie odieuse, un

(1) Témoin ces télégrammes dont l a *Commune* a couvert journellement les murs de Paris, en mars et avril 1871, contre les soldats des généraux de Charette et de Cathélinau.

(2) Cette séparation est le fait de la Révolution. En ce point et en bien d'autres l'Armée ne prenait plus son mot d'ordre de la Nation, mais de la Révolution. Ce n'était plus pour ainsi dire l'armée de la France, mais l'armée de la Révolution.

attentat contre toutes les libertés et une persécution manifeste des croyances de la France presque toute entière catholique.

En temps de guerre, vous donnez à l'Armée des aumôniers, je le veux bien (1); mais pourquoi en est-elle privée en temps de paix ? Si des prêtres sont nécessaires sur les champs de bataille, ils le sont tout autant dans les garnisons pour connaître le soldat, le moraliser au temps où sa vertu court le plus de danger, le maintenir dans la pratique de ses devoirs, le fortifier surtout pour le jour où il sera appelé peut-être à verser son sang et enfin pour l'habituer à ne plus voir des étrangers, des inconnus dans les aumôniers qui le suivent en campagne, lui apportant les secours de leur ministère.

Est-ce assez de dire qu'ils sont des étrangers pour l'Armée, ces aumôniers improvisés qui lui sont envoyés au moment de la guerre ? N'ont-elles pas plutôt l'aspect d'oiseaux de sinistre augure ces robes noires que le soldat n'avait jamais vues jusque là dans ses rangs et qui tout d'un coup viennent tomber au milieu des camps à la veille des batailles ? Serait-il étonnant que la vue insolite de ces aumôniers ait, à cette heure et en des esprits faibles ou mal disposés, donné lieu à de lugubres méprises ? S'il est arrivé en campagne que nous ayons été peu accueillis, n'est-ce pas parce que ces pauvres enfants de l'Armée ont vu peut-être dans notre arrivée parmi eux comme une annonce funèbre, condamnés qu'ils sont dans leurs garnisons à ne voir jamais les prêtres qu'aux dernières prières et au bord des tombes de leurs camarades ? (2) Ces impressions pénibles leur seraient épargnées ; elles ne seraient même plus possibles, s'il était donné à l'Armée, en temps de paix comme en temps de guerre, d'avoir des aumôniers, de les voir ailleurs qu'auprès des morts, de les fréquenter dans les garnisons, de les entendre dans les églises, de communiquer avec eux dans les casernes et d'apprendre à les connaître et à les aimer dans leurs rapports mutuels et journaliers.

Bien loin même de donner aux troupes ces tristes émotions, est-ce que la vue de leurs aumôniers, les suivant jusque sur les champs de ba-

(1) Ces aumôniers n'étaient que 46 pour une armée de 260,000 hommes au début de la guerre de 1870. Ils étaient bien moins encore comparativement dans les armées de Crimée, d'Italie et du Mexique. Il n'y en a pas dans l'armée d'Afrique ni, dit-on, dans l'armée de Versailles combattant contre la *Commune*.

(2) Le 30 Juillet 1870, arrivaient à St-Avold, au 2ᵐᵉ corps de l'armée du Rhin, trois aumôniers qui avaient reçu leur commission la veille. Les militaires les voyant venir vers eux se demandaient quels pouvaient être ces trois curés.... Ce sont nos aumôniers, répondirent quelques-uns. — Oui !.. nos aumôniers..., dirent les autres, plutôt nos *croque-morts*,... qui arrivent aujourd'hui pour nous enterrer demain.....

taille, ne soutiendrait pas au contraire leur courage? Ne leur rappellerait-
elle pas tout ce qui a été dit sur le devoir, sur l'obéissance, et sur la cou-
ronne réservée à la fidélité. Leur seule présence ne serait-elle pas la même prédication continuée, les mêmes encouragements, les mêmes récom-
penses promises au soldat qui triomphe ou qui succombe vaillamment
pour son devoir?

Et à la pauvre famille du soldat combien n'épargnerait-on pas de
peines et d'alarmes par la présence d'aumôniers dans l'Armée! Ces familles chrétiennes savent très-bien à quel point le désœuvrement des
garnisons est une source de dangers, sinon contre la vie, du moins contre la foi et les mœurs de leurs enfants, et ces dangers sont redoutés par
les parents autant que ceux des champs de bataille; et contre ces dangers ils demandent, ils réclament depuis longtemps les abris et les défen-
ses de la Religion.

C'est peut-être cette considération des familles qui a fait donner un
taleb ou *marabout* aux bataillons de tirailleurs algériens en garnison à
Paris et faisant partie de la garde. Sa présence au milieu d'eux était
une consolation pour ces arabes et leurs familles. Mais cette considération ne devait-elle pas s'étendre aussi pour les mêmes raisons à nos soldats et à nos familles catholiques ? Et pourquoi cette même consolation
nous a t-elle été partout et toujours refusée?(1).

§ VI.

Des emprunts de toutes sortes vont être faits sans doute aux armées
allemandes pour la réorganisation de notre Armée française; car je crois
qu'on a été unanime à leur reconnaître, à côté de bien des défauts, de
très-grandes qualités; discipline parfaite, obéissance absolue, instruction
très-développée, tenue digne, profond respect pour l'autorité et moralité incontestable. Leur armée a donc été *une école* bien tenue. Et savez-
vous à qui la tenue de cette école a été confiée ? Au Clergé. Oui! au Clergé catholique pour les catholiques, aux aumôniers militaires qui
sont nombreux dans les armées allemandes. Je les ai vus exerçant
leurs fonctions et sur les champs de bataille et dans leurs garnisons; car

(1) Plus favorisés que les catholiques, les militaires israélites obtenaient tous les
ans à Pâques huit jours entiers pour leurs pratiques religieuses ; et nos soldats n'obtenaient même pas de pouvoir aller à la messe le jour de Pâques.

il y en a en temps de paix comme en temps de guerre (1). Ils ont rang dans l'armée et leur position y est parfaitement définie et considérée. Leur ministère entouré de confiance et de respect est établi de façon à être bien vu et bien accueilli de tous. Rien n'égale le soin qu'apportent les plus hautes autorités à ne commettre et à ne laisser commettre aucun empiétement sur les attributions de l'Aumônerie dans l'armée. Elles savent comprendre quelle force cet élément peut communiquer au moral d'une armée.

Est-ce que notre malheureuse situation pourrait n'être pas arrivée à faire comprendre à nos autorités militaires françaises que continuer à tenir cet élément, cette force morale loin de leur armée serait une grande faute d'intelligence autant qu'un attentat à la liberté des consciences ? Parce qu'elles ont pu commodément se passer de toute religion, il s'est trouvé des autorités, dans l'abondance de tout, qui se sont figuré que tout le monde en France devait aussi en être là, le soldat comme l'ouvrier, l Armée comme la Société. Quelle erreur grossière !.... Celui qui n'a rien en ce monde, sinon la Religion pour se résigner, ne peut pas si aisément en être privé. Elle lui est nécessaire pour rester ce qu'il doit être et ne rien omettre de ce qu'il doit faire. Et le soldat n'en est-il pas là ? Si vous lui ôtez sa religion, que lui reste-t-il pour guide, pour consolation et pour récompense ? Comment acceptera-t-il qu'il doit vous respecter et vous obéir, même contre ses intérêts, même au péril de sa vie, si la Religion n'est pas là pour lui en faire un devoir et un mérite, et pour l'y encourager par le dédommagement d'un bonheur éternel après sa pauvre vie ? Si ces choses sont au dernier plan chez certains Français dans leurs jours heureux, soyez assurés qu'aux jours du malheur ou du danger elles sont au premier plan chez les autres où elles ont une grande action. Et cette action entre vos mains peut vous rendre bien forts contre vos ennemis du dedans et du dehors. Cette force, tous les Français honnêtes vous supplient de ne pas la laisser perdre, de l'augmenter au contraire, de l'utiliser et de ne plus refuser de la mettre au service de notre pauvre France qui a grand besoin qu'aucun moyen de salut ne soit écarté.

(1) En Allemagne, chaque ville de garnison, suivant son importance, possède un ou plusieurs aumôniers, une ou plusieurs églises militaires où chaque dimanche et fête tous les soldats catholiques, sans aucune exception, *même pour les ordonnances*, sont conduits par leurs officiers pour assister à la messe et entendre l'instruction.

§ VII.

Les autorités militaires à tous les grades seraient les premières à bénéficier du rétablissement d'une Aumônerie militaire. Cœurs excellents, véritables amis, collègues dévoués, conseillers pleins de désintéressement et de sagesse et surtout pères bons et indulgents, voilà ce que ne manqueraient pas de rencontrer dans leurs aumôniers tous les officiers qui voudraient les fréquenter. Eux aussi, officiers comme soldats, ont besoin de conseils et de consolations; comme tout le monde ils sont exposés à bien des déceptions, des déboires, des dangers et des naufrages; et je ne crains pas d'avancer que le ministère du prêtre au milieu d'eux serait pour la plupart un véritable bienfait. Combien parmi eux, sur les champs de bataille, avant et après le combat, se sont montrés heureux de la rencontre d'un aumônier ! Et je n'ai pas entendu dire qu'un seul officier blessé et mourant ait repoussé le prêtre. Ils ne le repousseraient pas davantage en temps de paix. Car ce n'est pas la peur, mais la foi qui fait accepter le prêtre, et pendant la vie et à l'heure de la mort; et la plupart d'entre eux ne nous viennent-ils pas des familles les plus honnêtes, les plus respectables et les plus chrétiennes de la France? Conséquemment par le secours de ce ministère de confiance et de pardon au milieu de l'Armée, combien d'égarements, de fautes, de faiblesses et de folies de moins; et combien de vertus, de forces, d'honneur et de joies de plus parmi les officiers, aussi bien que parmi les soldats !....

Leur autorité elle-même aurait tout à y gagner. Aux jours mauvais que nous traversons, est-ce que toutes les autorités et toutes les supériorités ne sont pas mises par tout le monde, dans l'armée comme ailleurs, en discussion, en suspicion et même en accusation? Cette triste situation n'a-t-elle pas fait comme deux camps ennemis de ceux qui doivent commander et de ceux qui doivent obéir? Et qui sera mieux reçu à venir s'interposer? Non pas l'officier lui-même; car venir en personne plaider sa propre cause, n'est plus admis aujourd'hui; et du reste, obligée de se tenir à distance, son autorité ne se risquerait-elle pas trop à aller se mettre en débat sous les yeux et sous la main de ses subordonnés? Qui donc, sous toutes les formes, interviendra mieux ici que l'aumônier, le prêtre, l'homme neutre et l'homme de tout le monde; le seul pouvant descendre presqu'à la familiarité sans engager son autorité?

Après qu'il aura prêché aux supérieurs la bonté, l'équité, la justice, ne sera-t-il pas en droit de s'adresser aux inférieurs pour les appeler à leur tour à la patience, à l'obéissance et au respect? Et si sa voix amie, indépendante est entendue en haut par le chef, pourquoi ne le serait-elle pas en bas par le soldat, d'autant plus que là aussi elle rappellera des bienfaits et parlera à la reconnaissance des cœurs? En effet, pas un peut-être parmi les soldats auquel l'aumônier ne soit appelé journellement à rendre des services.

Que n'aurais-je pas à dire en effet de tout ce que les aumôniers ont fait pour les soldats en campagne, dans les camps, sur les champs de bataille, dans les ambulances, et aussi pour le soldat prisonnier, s'en allant tristement en captivité pour y vivre désolé et quelquefois pour y mourir? Jusque dans les plus lointaines contrées de l'Allemagne, nos pauvres soldats de l'armée du Rhin ont eu la consolation de posséder au milieu d'eux plusieurs de leurs aumôniers. Dans les camps et les lazarets ces aumôniers se sont faits prisonniers avec eux, leur donnant leurs soins, partageant leurs souffrances et leur distribuant toute espèce de secours matériels en même temps qu'ils versaient dans leurs cœurs les meilleures consolations de leur ministère. Cette conduite m'est une garantie de tout le bien et de tout le dévouement dont serait capable l'Aumônerie militaire en temps de paix dans les garnisons de la France.

Et quelles bénédictions n'appelleraient pas sur le Gouvernement nos familles chrétiennes et la France toute entière pour le rétablissement de l'Aumônerie militaire dans l'Armée! Quelle consolation en effet pour tant de familles en peine qui à côté de ces fils, arrachés à leur affection, pourraient voir enfin des protecteurs et des pères dans la personne des aumôniers! Quelqu'éloigné que puisse être l'exil de ces enfants, elles sauraient du moins que nulle part ils ne sont abandonnés, et que dans toutes les garnisons, comme sur les champs de bataille, ils sont guidés et sauvegardés par la charité de leurs aumôniers qui veillent, auxquels elles peuvent écrire et dont elles recevront réponse. Saurait-on imaginer une institution plus belle, plus justement désirée et plus féconde en bienfaits et en consolations qu'une Aumônerie donnée dans ces conditions à l'Armée et à la France?....

On dira peut-être *que je me fais illusion; qu'une telle aumônerie est une utopie et un rêve; et que je m'exagère ses avantages et son action sur le soldat.*

L'âge des rêves et des illusions est pourtant déjà loin; et ma vie a été bien différente de ces spéculatives existences de cabinet s'écoulant régulièrement en dehors des réalités de l'expérience. Depuis 1849, mes jours sans interruption se sont passés dans le ministère des garnisons, des écoles, des prisons, des hôpitaux et des camps militaires en temps de guerre et en temps de paix ? En vérité je suis à plaindre si, après vingt-et-un ans ainsi employés, je ne suis pas arrivé à être fait, exercé et rompu à la connaissance complète *de ce qu'est, de ce que veut et de ce que peut le soldat français sous la main de la Religion*. Aussi est-ce à ce titre seulement que j'ai osé prendre la plume et écrire ces lignes bien défectueuses, mais profondément convaincues, pour réclamer instamment et hardiment, au nom de la Religion et de la France, le rétablissement d'une Aumônerie militaire dans l'Armée française. Bien organisée et bien dirigée, en temps de paix comme en temps de guerre, elle répondrait enfin à tous les vœux, elle apaiserait bien des alarmes et satisferait à tous les droits et à tous les devoirs des familles et de la Société. Elle serait essentiellement *cette école de justice, d'égalité, d'obéissance, de respect, de bonnes mœurs et de civilisation* que vous désirez dans l'Armée française ; car le prêtre dans l'Armée, c'est le prêtre à l'Eglise, à l'école, à la caserne, au camp, à l'hôpital, à la prison, prêchant à tous et tous les jours spécialement *toutes ces vérités, toutes ces vertus* qui manquent partout aujourd'hui et qui pourtant sont indispensables au soldat et à l'ouvrier, à l'Armée et à la Société tout entière.

Il ne me reste plus maintenant qu'à esquisser un Projet d'organisation d'une Aumônerie militaire telle que pourraient la vouloir l'*Armée* et la *Religion*, c'est-à-dire, *nos officiers et nos soldats* d'un côté, et de l'autre *notre Episcopat et notre Clergé français*.

Sur certains points bien des dispositions resteront incomplètes et indéfinies, par la raison que je ne sais dans quelles conditions et d'après quel plan va se faire notre réorganisation. Je n'ai pour me guider qu'un seul plan, celui du général Faidherbe.

PROJET DE RÈGLEMENT

D'UNE AUMONERIE MILITAIRE

DANS L'ARMÉE FRANÇAISE.

TITRE Ier.

DISPOSITIONS FONDAMENTALES (1).

Art. 1er. — Une Aumônerie militaire, composée de prêtres catholiques et français, à différents grades et en nombre suffisant, serait établie dans l'Armée française, en temps de paix et en temps de guerre.

Art. 2. — Cette Aumônerie avec tout son personnel et son matériel ferait partie de l'Armée, subirait les conditions de la vie militaire, en accepterait tous les devoirs et en partagerait toutes les attributions dans l'ordre des fonctions qu'elle serait appelée à y remplir.

Art. 3. — L'ensemble de ces fonctions, jusque dans ses moindres détails, une fois accepté et arrêté par le Gouvernement, devrait être reçu et respecté par toute l'Armée, sans exemption ni modification.

Art. 4. — Tout le personnel de cette Aumônerie serait nommé par le Ministre de la guerre, et, au moins pour la solde et les prestations, serait assimilé aux officiers de l'armée, depuis le grade de général de brigade, qui serait le premier grade, jusqu'au grade de lieutenant qui serait le dernier.

---

(1) Comme on pourra le voir, cette Aumônerie serait simplement une extension et une organisation de ce qui existe déjà, bien plus qu'une création nouvelle.

Combien d'hôpitaux militaires peu importants et surtout combien de forts, d'écoles et de prisons dans l'armée où les aumôniers ont si peu à faire qu'ils sont employés à d'autres fonctions dans les paroisses. Par l'Aumônerie ces aumôniers seraient organisés de façon à être exclusivement absorbés par l'Armée, comme aumôniers de garnison, chargés des enfants de troupe, même des écoles régimentaires si l'on veut, en un mot, de tout ce qui peut être du ressort de leur ministère de charité au milieu de la troupe.

Art. 5. — Près du Ministre, et nommé par lui, résiderait un Aumônier en chef qui serait chargé des cinq fonctions suivantes, comprenant tout le service de l'Aumônerie :

1º Recruter des candidats à l'Aumônerie militaire et les présenter à la nomination du Ministre de la guerre ;

2º Organiser et diriger le service du culte et de l'enseignement religieux dans les garnisons, les camps et les établissements militaires ;

3º Assigner à chaque Aumônier, suivant sa place et son grade, l'étendue de ses devoirs et de ses attributions ;

4º Veiller à l'exécution de ce qui serait exigé de chacun et définitivement arrêté par le Gouvernement ;

5º Centraliser le service de l'Aumônerie dans l'Armée et dans chaque corps d'armée, en temps de paix et en temps de guerre.

TITRE II.

RECRUTEMENT DU PERSONNEL (1).

Art. 1er. — Pour être admis comme Aumônier militaire tout prêtre devrait réunir les conditions suivantes :

1º Être âgé de plus de trente ans ;

2º Être prêtre français déjà en fonction ;

3º Être muni des meilleurs témoignages ;

4º Être désigné par son Évêque à l'Aumônier en chef ;

5º Être agréé et présenté par l'Aumônier en chef ;

6º Être nommé par le Ministre de la guerre.

Art. 2. — L'Aumônier en chef aurait le grade de général de brigade, et il lui serait adjoint un aumônier, choisi par lui, pour remplir l'emploi de secrétaire.

Art. 3. — Après l'Aumônier en chef viendraient des Aumôniers supérieurs, ayant le grade d'officiers supérieurs et nommés au quartiergénéral de chaque corps d'armée comprenant une garnison importante ou dans un établissement militaire de 1re classe ; un Aumônier supé

(1) Le personnel de cette Aumônerie n'irait guère au delà de 130 prêtres à ajouter aux 100 prêtres environ qui exercent déjà les fonctions d'aumôniers dans les hôpitaux, forts, écoles, camps et prisons militaires ; ce qui ferait un total de 230 à 240 Aumôniers.

rieur, nommé Aumônier en chef dans une campagne ou expédition, serait élevé au grade de colonel.

Art. 4. — Les aumôniers venant ensuite seraient chargés chacun du service d'une division, d'une brigade, d'un camp ou d'un établissement militaire important et seraient aumôniers de première classe ayant grade de capitaine.

Art. 5. — Enfin les autres, au grade de lieutenant, aumôniers de deuxième classe, seraient nommés aux garnisons détachées, à quelques corps spéciaux, aux hôpitaux, forts, prisons, etc., ou bien ils seraient comme les vicaires des aumôniers supérieurs ou des aumôniers de division partout où le ministère d'un seul ou de deux aumôniers serait insuffisant.

TITRE III.

SERVICE DU CULTE ET DE L'ENSEIGNEMENT RELIGIEUX.

Article premier. — Une messe serait célébrée tous les dimanches et fêtes dans toutes les garnisons, camps ou établissements de l'Armée française; et tous les militaires, sans aucune exception, y seraient conduits.

Art. 2. — A l'époque de Pâques il serait accordé à tous les militaires pour être préparés à leurs devoirs religieux, huit jours entiers; et un jour aux fêtes de Noël, Pentecôte, Assomption et Toussaint, et ils seraient conduits aux instructions.

Art. 3. — Pendant ces jours et les dimanches et fêtes, en dehors des cas d'absolue nécessité très-rares prévus ou ordonnés par le Ministre de la guerre, ils ne pourraient être retenus hors des offices du culte par des exercices, revues, promenades, travaux ou services quelconques, autres que celui des gardes (1).

(1) Toutes ces dispositions sont très-scrupuleusement observées dans les armées allemandes qui, outre les dimanches et fêtes et les huit jours de Pâques, ont encore *deux jours* à chacune de leurs *cinq* grandes fêtes de l'année.

Nos soldats prisonniers de guerre furent soumis à peu près au même règlement et conduits à la messe tous les dimanches et fêtes; et ils en étaient si contents que leurs réflexions et comparaisons à ce sujet étaient loin d'être un éloge du système français. *Au moins en Prusse*, disaient-ils, *on ne nous prend pas pour des bêtes; on nous conduit à la messe.* Ils y étaient conduits aussi en Belgique et en Suisse.

Faussés par notre libéralisme français, certains esprits vont se récrier peut-être sur *cette conduite à la messe. Il faut laisser libre et ne forcer personne...* c'est notre vieux refrain obligé. On n'est pas plus tyrannique en Angleterre, en Belgique, en Au-

Art. 4. — L'enseignement religieux aurait lieu aux messes des Dimanches et Fêtes et aux jours mentionnés plus haut, article 2, et il consisterait en une suite d'instructions sur les vérités, les préceptes et les sacrements de notre Religion et les devoirs d'état.

Art. 5. — S'il y avait des enfants de troupe, l'aumônier de la garnison en serait chargé suivant les prescriptions diocésaines; il en serait de même pour les soldats n'ayant pas fait leur 1re communion.

TITRE IV.

DEVOIRS ET ATTRIBUTIONS.

Art. 1er. — Le premier soin de l'Aumônier en chef serait de faire un bon choix de son personnel, et à cet effet il s'adresserait aux Evêques des lieux où il serait nécessaire de placer des Aumôniers militaires.

Art. 2. — Les prêtres désignés par leur Evêque, présentés par l'Aumônier en chef et nommés Aumôniers militaires par le Ministre ne seraient soustraits à l'autorité de leur Evêque que pour le temps de la guerre après lequel ils rentreraient à leur poste.

Art. 3. — Chaque année l'Aumônier en chef verrait son personnel et l'état de son service; il veillerait à ce que les Aumôniers se renferment dans leurs attributions, s'abstenant de toute immixtion dans tout ce qui serait de la compétence exclusive de l'Armée et de son administration et il les défendrait contre toute entreprise sur les prérogatives de leur ministère.

Art. 4. — Aux approches d'une guerre, il aurait à mobiliser le personnel de l'Aumônerie, à assigner à chacun son poste, à remplacer les impropres au service de campagne et à procurer à tous les aumôniers pouvoirs spirituels, commissions et instructions morales et administratives nécessaires dans toutes les éventualités de la guerre.

Art. 5. — Outre leur service d'Aumôniers de garnison, de camp ou

---

triche, etc., qu'en France; et là *on conduit à la messe;* et aussi en Hollande, en Italie en Espagne et partout. Et dans nos écoles et même nos écoles militaires et dans nos familles honnêtes est-ce qu'on *ne conduit pas à la messe?* Conduire à ce qui est un devoir, contraindre à ce qui est dû, forcer à ce qui est obligatoire, est-ce là violenter les consciences? N'est-ce pas *tout le contraire?...*

d'établissement militaire, les Aumôniers supérieurs auraient encore à disposer, à voir et à diriger leur personnel dans toutes les places de leur corps d'armée, de manière à ce qu'aucune troupe soit privée des offices prescrits et du ministère des Aumôniers.

TITRE V.

TRAITEMENT OU SOLDE (1).

Art. 1er. — Le traitement ou solde des Aumôniers dans l'Armée serait le même que celui des officiers, suivant le grade de chacun.

1° L'Aumônier en chef aurait la solde d'un général de brigade ;

2° L'Aumônier supérieur celle d'un officier supérieur ;

3° L'Aumônier de 1re classe celle d'un capitaine ;

4° L'Aumônier de 2e classe celle d'un lieutenant ;

Art. 2. — En raison des frais de culte et de déplacement que devraient nécessairement subir les aumôniers *Chefs de Service,* il pourrait leur être alloué, comme frais de culte et de déplacement.

1° A l'Aumônier en chef . . . . 1200 fr.

2° A l'Aumônier supérieur 800

3° A l'Aumônier de 1re classe 500

4° A l'Aumônier de 2e classe 400

Art. 3. — Les Aumôniers exerçant leurs fonctions dans les établissements de l'Armée seraient mis à la solde uniforme suivant leur classe et leur grade, et les frais de culte qui leur sont déjà alloués rentreraient aussi dans le réglement général.

Art. 4. — Ces Aumôniers, au moins ceux des hôpitaux militaires, qui ont besoin d'être assiduement à leur poste prêts à se rendre à tous les appels de jour et de nuit, pourraient, sans avoir à subir de réduction, conserver leur logement situé dans l'intérieur de l'établissement.

Art. 5. — Les retenues et combinaisons qui sont faites en vue d'assu-

(1) D'après un calcul approximatif, fait sur la solde fixée par le plan du général Faidherbe, sans y comprendre le traitement des Aumôniers existant déjà dans les établissements de l'Armée, il est certain que cette Aumônerie militaire, largement comprise et bien organisée ne coûterait guère à l'Etat plus de cinq cents mille francs annuellement.

rer une retraite aux officiers après leurs trente années de services militaires, pourraient être appliquées aux aumôniers dans les mêmes conditions, c'est-à-dire, après trente années de service dans l'Aumônerie militaire.

A. BARON,

Ex-Aumônier de l'armée du Rhin, Aumônier de l'hôpital militaire du Gros-Caillou.

Paris, le 30 avril 1871.

Arras, Typ. Schoutheer, rue des Trois-Visages.

Arras. — Typographie Schoutheer.